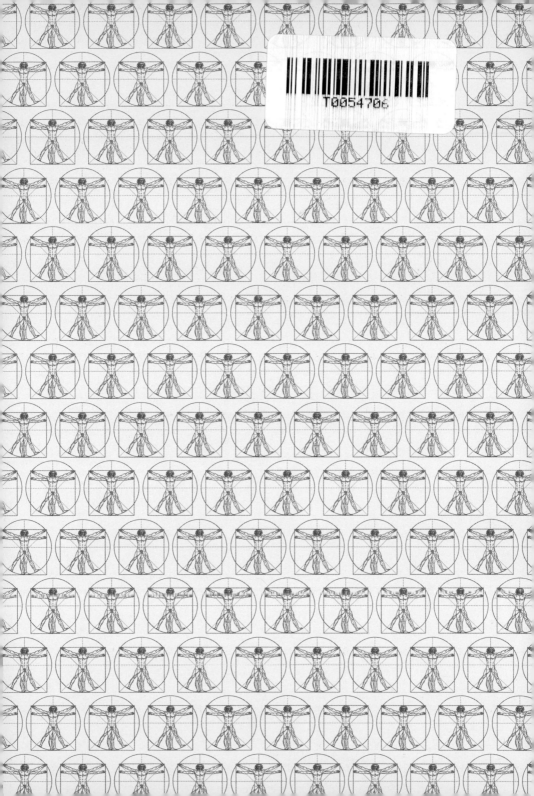

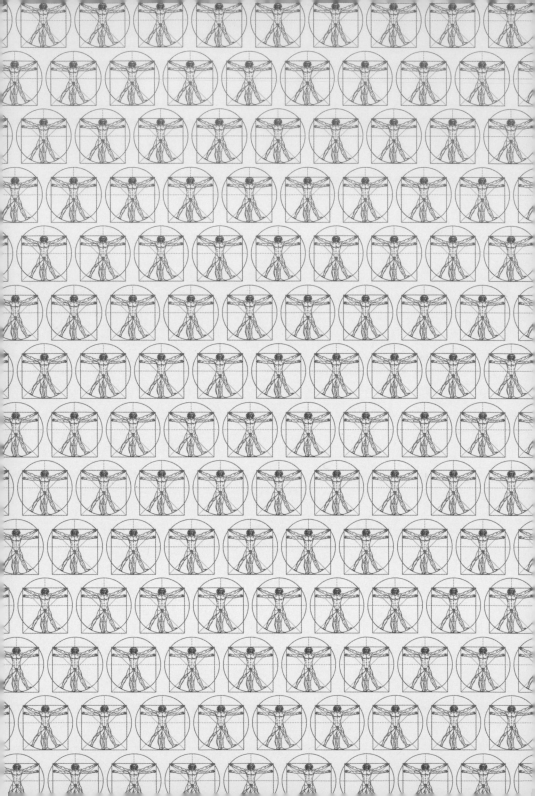

BIOGRÁFICO
LEONARDO

BIOGRÁFICO
LEONARDO

ANDREW KIRK

cincotintas

La edición original de esta obra ha sido publicada en
Reino Unido en 2017 por Ammonite Press, sello editorial
de Guild Master Craftsman Publication Ltd, con el título

Biographic Leonardo

Traducción del inglés
Montserrat Asensio Fernández

Diseño e ilustración: Matt Carr y Robin Shields

Impreso en China
Depósito legal: B 2.883-2019
Código IBIC: BGF

ISBN 978-84-16407-58-3

CONTENIDOS

ICONOGRAFÍA

CUANDO ES POSIBLE RECONOCER A UN ARTISTA A TRAVÉS DE UN CONJUNTO DE ICONOS DEBEMOS TAMBIÉN RECONOCER QUE DICHO ARTISTA Y SU OBRA HAN PASADO A FORMAR PARTE DE NUESTRA CULTURA Y NUESTRA CONCIENCIA.

INTRODUCCIÓN

Leonardo da Vinci. Genio. Polímata. El arquetipo de hombre del Renacimiento. Pintor, delineante, arquitecto, inventor, anatomista, matemático, botánico, geólogo, cartógrafo, ingeniero civil, ingeniero mecánico, ingeniero militar... Enumerar sus éxitos sería tan largo que resulta muy complicado hacerse una idea completa del alcance de los logros de Leonardo.

Y, lo que es aún peor, hay quien empieza a pensar que quizá sea demasiado bueno para ser verdad. No cuenta con obras grandiosas, como el techo de la capilla Sixtina que su rival Miguel Ángel pintó a lo largo de tantos años con suma angustia y devoción; nada que grite «*si monumentum requiris, circumspice*». Por el contrario, lo que tenemos es la *Mona Lisa*, un retrato pequeño, aislado y perdido en la inmensidad del Louvre y que resulta imposible contemplar como se merece, ya que una horda de turistas con palos de selfi empuja a los posibles admiradores contra el cristal blindado que lo protege. Copiada, parodiada y tomada en préstamo para dotar de un barniz enigmático a las cubiertas de toscos superventas, es muy posible que la *Mona Lisa* sea, como su creador, víctima de su propio éxito.

«ADEMÁS DE LA BELLEZA DEL CUERPO, NUNCA SUFICIENTEMENTE ALABADA, POSEÍA UNA GRACIA MÁS QUE INFINITA EN CUALQUIERA DE SUS ACTOS; Y TANTA Y TAN DESARROLLADA LA VIRTUD QUE SIEMPRE QUE SU ESPÍRITU SE VOLVÍA HACIA LOS ASUNTOS DIFÍCILES, LOS LIBERABA CON FACILIDAD DE SU COMPLEJIDAD.»

GIORGIO VASARI, *Las vidas de los más excelentes pintores, escultores y arquitectos*, 1550

Para lograr cierta perspectiva, abandonemos el Louvre y dirijámonos al castillo de Windsor, donde podremos admirar los dibujos anatómicos de Leonardo. Uno de ellos explora el funcionamiento del corazón, probablemente el de un buey que Leonardo diseccionó para reproducir sus estructuras con cierto detalle. Debajo de la válvula aórtica observó un ensanchamiento, conocido como «seno de Valsalva», y le inyectó cera. Entonces retiró el material orgánico alrededor de la cera y usó el molde para confeccionar un modelo de la estructura en vidrio. A continuación, bombeó por el interior del modelo agua mezclada con semillas de hierba, lo que le permitió observar y dibujar los vórtices que aparecían: concluyó que debían desempeñar una función importante en el funcionamiento de la válvula aórtica. Los cardiólogos no confirmaron las especulaciones de Leonardo hasta mediados del siglo XX. Estos diminutos dibujos anatómicos están en una página del total de aproximadamente 600 que llegaron a la colección de la familia real británica hacia el año 1690 y demuestran que, lejos de ser un pintor que hacía incursiones en otros campos, Leonardo era un científico experimental con un nivel de sofisticación inmenso.

Los estudios anatómicos de Leonardo, al igual que sus tratados de arte, hidráulica o geometría, no se publicaron hasta después de su muerte. Es posible que esto explique, en parte, por qué el mito de Leonardo es tan potente: sus logros son muy difusos y difíciles de aprehender en su totalidad, ya que están dispersos por cuadernos incompletos custodiados en museos de todo el mundo.

Es imposible clasificar definitivamente a Leonardo en una única categoría; muy al contrario, escapa a todos nuestros esfuerzos a la hora de definirlo. Todas las listas de inventos, las páginas de dibujos y la reconstrucción de las obras perdidas desafían en cierto modo a nuestra comprensión. Al final, al igual que la *Mona Lisa*, Leonardo sencillamente está ahí, sólidamente anclado en el contexto de la Italia del siglo XV, pero siendo, al mismo tiempo, una parte ineludible de nuestro mundo moderno.

«ASÍ COMO UNA JORNADA BIEN EMPLEADA PROCURA UN DULCE SUEÑO, LA VIDA BIEN EMPLEADA PROCURA UNA DULCE MUERTE.»

LEONARDO, *Cuadernos,* **c. 1510**

LEONARDO DA VINCI

01
VIDA

«LOS ABREVIADORES DE OBRAS HACEN TANTO DAÑO AL CONOCIMIENTO COMO AL AMOR, DADO QUE EL AMOR A ALGUNA COSA PROCEDE DE ESTE CONOCIMIENTO, Y ES MÁS FERVIENTE EN PROPORCIÓN AL CONOCIMIENTO, QUE ES MÁS CIERTO. Y ESTA CERTEZA NACE DE UN CONOCIMIENTO COMPLETO DE TODAS LAS PARTES, LAS CUALES, CUANDO SE COMBINAN, COMPONEN LA TOTALIDAD DE AQUELLO QUE DEBE SER AMADO.»

LEONARDO, *Cuadernos*, c. 1510

LEONARDO DI SER PIERO DA VINCI

nació a las 22.30 del 15 de abril de 1452, en la ciudad de Vinci, en el corazón de la Toscana

Leonardo fue el hijo ilegítimo de Ser Piero da Vinci, un abogado, y Caterina, la hija de un campesino y de la que se sabe muy poco. Es muy probable que Leonardo pasara la mayor parte de su infancia en Vinci, donde (como hijo de un profesional de éxito) también es muy probable que recibiera una buena educación básica. Sus dificultades posteriores y bien documentadas con el latín sugieren que su educación se limitó a lo que entonces se requería para emprender una carrera comercial, en lugar de una artística o literaria. Ser Piero se había establecido como un letrado de éxito en Florencia durante las décadas de 1450 y 1460 antes de lograr un cargo oficial de funcionario en la administración de los Médicis. Así que, cuando llegó el momento de que Leonardo se valiera por sí mismo, lo natural fue que se mudara a Florencia, donde su padre podía presentarle a quien fuera necesario para que pudiera empezar con buen pie.

◀ **Miguel Ángel Buonarroti** (1475-1564), escultor, pintor y gran rival de Leonardo, también nació en la Toscana.

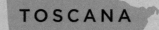

TOSCANA

VINCI

ITALIA

VIGEVANO

Ludovico Sforza, el futuro duque de Milán y mecenas de Leonardo, nace el 27 de julio.

EL MUNDO EN 1452

MURCIA

Las fuerzas combinadas de los reinos de Castilla y de Murcia derrotan a los nazaríes de Granada en la batalla de los Alporchones.

Leonardo nació al principio de la primitiva era moderna, el periodo que siguió a la Baja Edad Media. Fue una época de cambios y logros sociales y culturales, marcada por el inicio de la globalización que se iba produciendo a medida que los europeos exploraban y colonizaban otras partes del mundo. La caída de Constantinopla ante los turcos otomanos en 1453 y los movimientos que condujeron a la Reforma protestante cuestionaron la perspectiva habitual sobre el cristianismo. Las recién inauguradas rutas comerciales llevaron a la cartografía global y la invención de la imprenta de tipos de Gutenberg desempeñó un papel crucial en la difusión generalizada de las nuevas ideas y los descubrimientos. Durante este periodo, Florencia se convirtió en un centro de progreso artístico, tecnológico y científico: era el momento perfecto para que Leonardo entrara en escena.

FLORENCIA

Lorenzo Ghiberti completa la puerta de bronce del baptisterio de Florencia, conocida como Puerta del paraíso.

NORTHAMPTONSHIRE

Ricardo Plantagenet, futuro Ricardo III de Inglaterra, nace el 2 de octubre en el castillo de Fotheringhay.

ROMA

Federico III es coronado como emperador del Sacro Imperio Romano Germánico el 19 de marzo. Resultará el último en ser coronado por un papa en Roma.

VANUATU

La erupción del volcán Kuwae, en Vanuatu (Pacífico Sur), libera enormes cantidades de sulfatos y causa un enfriamiento global.

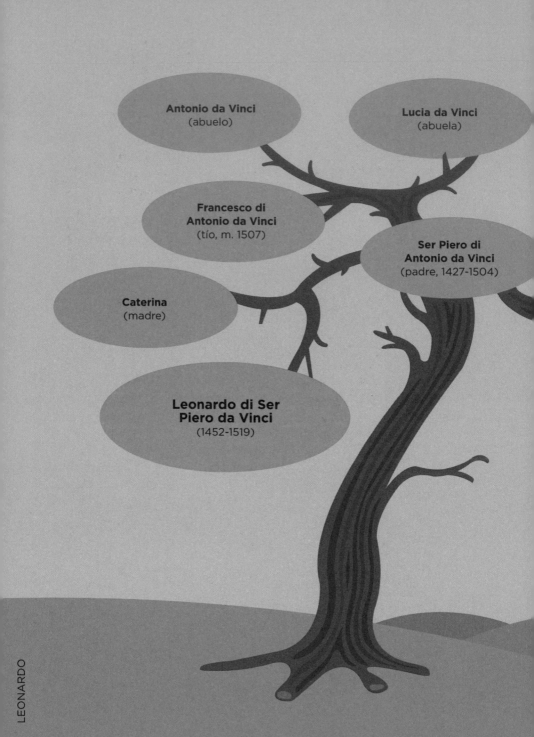

Antonio da Vinci
(abuelo)

Lucia da Vinci
(abuela)

Francesco di
Antonio da Vinci
(tío, m. 1507)

Ser Piero di
Antonio da Vinci
(padre, 1427-1504)

Caterina
(madre)

Leonardo di Ser
Piero da Vinci
(1452-1519)

EL ÁRBOL GENEALÓGICO DE LEONARDO

Leonardo se crio con su abuelo, Antonio, y con su madrastra, Albiera, y aparece como dependiente de su abuelo en la declaración de impuestos del mismo en 1457. Su tío Francesco también cuidó de él en una relación que tuvo que ser muy estrecha: Francesco murió en 1507 y nombró heredero universal a Leonardo.

Segunda esposa, casados en 1465
Francesca di Ser Giuliano Lanfredini

Cuarta esposa
Lucrezia di Guglielmo Cortigiani
(m. después de 1520)

Tercera esposa, casados en 1475
Margherita di Francesco
(1458-1486)

Primera esposa, casados en 1453
Albiera di Giovanni Amadori
(m. 1464)

6 HIJOS
Antonio, Giuliano, Lorenzo, Maddalena, Violante, Domenico

6 HIJOS
Margherita, Benedetto, Pandolfo, Guglielmo, Bartolomeo, Giovanni

EL PRIMER LEONARDO

Después de haber pasado la mayor parte de su infancia rodeado de belleza natural y en relativa tranquilidad en las colinas toscanas, a los 16 años Leonardo se vio lanzado al ajetreo de la vida urbana de Florencia. Según Giorgio Vasari, Leonardo había mostrado dotes artísticas desde muy joven y había decorado el escudo de un vecino pintando sobre él un monstruo aterrador. Su padre era un funcionario muy respetado, por lo que le pudo conseguir un puesto de aprendiz en uno de los talleres de artesanía más prestigiosos de la ciudad, donde empezó a forjar y a desarrollar su extraordinario talento.

c. 1469
Leonardo se traslada a Florencia y entra como aprendiz en el taller de Andrea del Verrocchio.

1472
Leonardo aparece en el libro de contabilidad del gremio de pintores, la Compagnia di St. Luca de Florencia.

1473
Leonardo realiza el dibujo más antiguo que se conserva de él, un paisaje toscano: «Paisaje del valle del Arno, 5 de agosto de 1473».

1481
Leonardo abandona Florencia y se traslada a Milán para ponerse al servicio de Ludovico Sforza, duque de Milán.

DISTANCIA

FLORENCIA A MILÁN
302 km

1476
Aparentemente, Leonardo sigue en el taller de Verrocchio.

1476
Leonardo es acusado de sodomía junto con tres hombres más, acusación que luego se retirará.

1474
Leonardo pinta *La Anunciación*, su primera obra importante en solitario.

1482

Ludovico le encarga a Leonardo una estatua ecuestre, el caballo Sforza, un monumento en honor a su padre, Francesco Sforza.

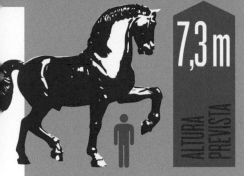

7,3 m

ALTURA PREVISTA

1496

El rey Luis XII de Francia entra en Milán y depone a Ludovico. Leonardo se va de Milán.

1483

Leonardo recibe el encargo de pintar un retablo para la capilla de la Cofradía de la Inmaculada Concepción en la iglesia de San Francesco il Grande. El encargo se convertirá en *La Virgen de las rocas*.

1495

Leonardo empieza a trabajar en *La Última Cena* en la pared del refectorio del convento de Santa Maria delle Grazie.

1493

Exposición de una maqueta del caballo Sforza en la catedral de Milán durante las celebraciones de la boda de la sobrina de Ludovico, Bianca Maria, y el emperador Habsburgo, Maximiliano I.

1494

Ludovico requisa el bronce destinado al caballo Sforza para construir cañones, en preparación de la invasión francesa.

SIEMPRE ELEGANTE

Los contemporáneos de Leonardo lo describían como un hombre apuesto con una barba bien cuidada y cuya conversación era entretenida. También tenía un gusto llamativo a la hora de vestir, a juzgar por las prendas que aparecen en un inventario de lo que dejó almacenado cuando partió a una misión militar en 1504.

I SOMBRERO DE COLOR PARDO

UN SOBRETODO DE SATÉN CARMESÍ, AL ESTILO FRANCÉS

UNA CAPA MORADA, CON UN GRAN CUELLO Y UNA CAPUCHA DE TERCIOPELO

I PAR DE MEDIAS DE COLOR ROSA EMPOLVADO

I PAR DE MEDIAS MORADAS

Y: I CAMISA DE LINO DE REIMS, CONFECCIONADA AL ESTILO FRANCÉS

2 GORRAS ROSAS

«EL PINTOR SE SIENTA FRENTE A SU OBRA, BIEN VESTIDO, Y BLANDE UN LIGERO PINCEL CON MARAVILLOSOS COLORES, Y SE ENGALANA CON LA ROPA QUE LE PLACE...»

LEONARDO, *Tratado de pintura*

I TOGA CATALANA ROSA

Y: I SOBRETODO PÚRPURA DE PELO DE CAMELLO, I TOGA DE TAFETÁN, I PAR DE MEDIAS NEGRAS, I CAPA ÁRABE

I PIEZA DE TERCIOPELO QUE SE PUEDE USAR COMO TOGA

UN ZURDO GENIAL

Además de que pintó la *Mona Lisa*, el otro dato que la mayoría de las personas conocen acerca de Leonardo es que era zurdo, como todos los genios artísticos. Lo sabemos porque numerosos testigos contemporáneos dieron fe de ello, además de por su uso de la escritura especular en sus cuadernos, algo que sin lugar a dudas resulta mucho más sencillo para los zurdos. Sin embargo, y para desgracia de la teoría de los genios zurdos, hay evidencias (y en algunos casos pruebas concluyentes) de que algunos de los demás pintores que con frecuencia suelen aparecer en las listas de artistas zurdos en realidad no lo fueron.

POSIBLEMENTE

Miguel Ángel
Henri de Toulouse-Lautrec
Rafael
Alberto Durero
Peter Paul Rubens

Leonardo da Vinci

Hans Holbein el Joven

Raoul Dufy

Paul Klee

M. C. Escher

ZURDOS

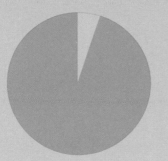

Proporción de artistas zurdos: 3-5%

Proporción de zurdos en la población general occidental: 12-14%

Datos de la *Revue Neurologique*, 1995

Vincent van Gogh

Pablo Picasso

Rembrandt

Edvard Munch

Claude Monet

DIESTROS

VIDA

VEGETARIANO

Varios pensadores clásicos, como Pitágoras, Empédocles y Plotino, defendieron y practicaron el vegetarianismo. El renovado interés general por el mundo clásico que caracterizó al Renacimiento incluyó el redescubrimiento de la alimentación vegetariana, que había desaparecido tras el advenimiento del cristianismo. Leonardo tenía la firme convicción de que todos los aspectos del mundo natural estaban conectados, algo que lo llevó a adoptar una dieta vegetariana. Sus cuadernos incluyen listas de la compra de hierbas y legumbres, además de varias recetas, entre las que se encuentra una que parece ser su salsa de hierbas aromáticas especial.

LEONARDO

SALSA DE HIERBAS AROMÁTICAS

«EL HOMBRE Y LOS ANIMALES SON EL TRÁNSITO Y EL CONDUCTO DE LA COMIDA, EL SEPULCRO DE LOS ANIMALES Y EL HOTEL DE LOS MUERTOS.»

LEONARDO, *Cuadernos*, c. 1510

Porfirio de Tiro (c. 234 d. C.-305 d. C.) escribió el primer tratado conocido en favor del vegetarianismo: *De abstinentia ab esum animalum* (De la abstinencia de comida de origen animal).

1

Calienta a fuego lento 280 ml de vinagre.

2

Pica en grandes trozos sendos puñados de perejil, de menta y de tomillo silvestre.

LA SALSA DE HIERBAS AROMÁTICAS DE LEONARDO

- 280 ml de vinagre
- 1 puñado de perejil
- 1 puñado de menta
- 1 puñado de tomillo silvestre
- 1 puñado de migas de pan quemado
- 1 pizca de sal
- 1 pizca de pimienta

3

Vierte el vinagre templado en un bote y añade las hierbas. Déjalas infusionar toda la noche.

5

Recalienta la mezcla, salpimiéntala y sírvela templada.

4

Añade un puñado de pan quemado molido.

LA BIBLIOTECA DE LEONARDO

En 1504, Leonardo hizo un inventario de sus libros antes de dejarlos en custodia. Enumeró 116 volúmenes, además de otros 50 libros sin título, lo que suponía una cantidad importante para la época. La diversidad de temas da una idea de la amplitud de sus intereses.

40 Temas médicos y científicos

40 Obras literarias o gramáticas

12 Historias y tratados religiosos

10 Arte, arquitectura e ingeniería

14 Miscelánea

50 Sin título

PERSPECTIVA COMMUNIS — John Peckham

LAS METAMORFOSIS — Ovidio

HISTORIA NATURAL — Plinio

L'ACERBA — Cecco d'Ascoli

COSMOGRAPHIA — Ptolomeo

FÁBULAS — Esopo

LOS ELEMENTOS — Euclides

FACETIAE — Poggio Bracciolini

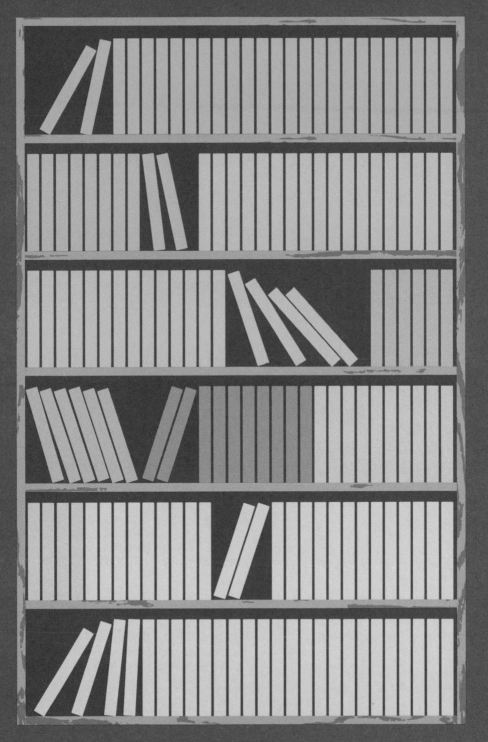

VAPRIO D'ADDA

Los soldados suizos que invaden Milán incendian la ciudad en 1511. Leonardo huye a la villa de la familia Melzi.

MILÁN

A petición de Carlos II, el gobernador francés de Milán, Leonardo se desplaza a Milán en 1506 y deja inconclusa *La batalla de Anghiari*.

MARIGNANO

En 1516, Leonardo entra al servicio de Francisco I como pintor de la corte.

PISA

Leonardo trabaja en planes militares relacionados con el asedio de Pisa por parte de los florentinos en 1503.

FLORENCIA

En 1507, Leonardo registra su disección de un «hombre de 100 años» en el hospital de Santa Maria Nuova de Florencia.

En 1503, el ayuntamiento de Florencia encarga a Leonardo un mural acerca de la *Batalla de Anghiari* en el Sala del Consejo del Palazzo Vecchio.

En 1503, Leonardo empieza a trabajar en el retrato de Lisa Gherardini, la esposa de un sedero, Francesco del Giocondo. La obra será conocida como la *Mona Lisa*.

ROMAÑA

En 1502, César Borgia, el capitán general del ejército papal, contrata a Leonardo como «arquitecto e ingeniero general de la familia».

VENECIA

En 1500, Leonardo trabaja para la República de Venecia en el refuerzo de las defensas ante la amenaza turca; regresa a Florencia a finales de la primavera.

ROMA

Leonardo llega en 1513 como parte del servicio de Giuliano de Médicis, el hermano del papa León X. Tiene un taller en el patio del Belvedere.

AMBOISE, FRANCIA

El 23 de abril de 1519, Leonardo se presenta en la corte real para redactar su testamento. El 2 de mayo muere en el palacio de Cloux.

GENIO DE ALQUILER

En 1499 estalló la segunda guerra italiana. Francia invadió Milán y derrocó a Ludovico Sforza, por lo que Leonardo, su ayudante Salaì y su amigo Luca Pacioli se vieron obligados a huir de la ciudad. Permaneció brevemente en Venecia antes de regresar a Florencia, ya convertido en un artista de éxito. Los distintos encargos que recibió lo llevaron por toda Italia y hasta Francia.

LYON, FRANCIA

Lorenzo di Piero de Médicis regala a Francisco I un león mecánico inventado por Leonardo cuando regresa a Francia desde Italia en 1515.

ROMORANTIN, FRANCIA

Leonardo trabaja en los planos de un palacio para el rey en 1517.

LOS HIJOS DE LEONARDO

Leonardo era conocido por estar rodeado de ayudantes jóvenes y apuestos, cuyos gastos para ropa y cortes de pelo aparecen de forma recurrente en sus cuentas. En ausencia de un matrimonio o de una familia convencionales, estos jóvenes glamurosos fueron la familia alternativa de Leonardo. Mantuvo las relaciones más duraderas de su vida con dos de sus pupilos, Gian Giacomo Caprotti y Francesco Melzi, a los que acogió como aprendices cuando aún eran niños.

GIAN GIACOMO CAPROTTI, CONOCIDO COMO SALAÌ 1480-1524

Salaì, el «diablillo», llegó al hogar de Leonardo cuando tenía 10 años y los cuadernos recogen bastantes incidentes donde le muestran robando dinero y objetos a quienes lo rodeaban. Leonardo lo describió como «ladrón, mentiroso, obstinado y glotón», pero también mencionaba su bello cabello rizado. Era evidente que el atractivo canalla de Salaì compensaba la ligereza de sus dedos.

GIOVANNI FRANCESCO MELZI c. 1491-1570

Melzi procedía de una familia noble y llegó al hogar de Leonardo en algún momento antes de 1510. Se convirtió en el favorito de Leonardo y fue determinante a la hora de conservar sus valiosos cuadernos tras la muerte del artista.

¿ERA GAY LEONARDO?

Los cuadernos de Leonardo, por lo demás prolijos, revelan muy poco acerca de su vida privada, aunque la mayoría de los expertos coinciden en que, muy probablemente, era homosexual. En la Florencia del Quattrocento la homosexualidad era habitual y Leonardo no se casó jamás. En 1476 escapó de una acusación de sodomía que podría haber resultado catastrófica, por lo que no es sorprendente que fuera circunspecto acerca de esta faceta de su personalidad.

OTROS PUPILOS

MARCO D'OGGIONO
c. 1470-1549

Nació cerca de Milán y esto es casi todo lo que sabemos de él. Copió varias de las obras de Leonardo, sobre todo *La Última Cena*.

GIOVANNI BOLTRAFFIO
1466-1516

Nació en el seno de una familia aristocrática de Milán y fue el pupilo de Leonardo de mayor talento.

LA MUERTE DE LEONARDO

Leonardo falleció el 2 de mayo de 1519 en el palacio de Cloux, en Amboise, mientras estaba al servicio de Francisco I. Tenía 67 años. Aunque la historia de que murió en los brazos del rey es pura fantasía (Francisco estaba a kilómetros de distancia en ese preciso momento), no cabe duda de que el rey francés consideraba a Leonardo un ornamento valioso en su corte. Sus seguidores se mostraron inconsolables y aceptaron la responsabilidad de conservar su legado. Salaì asumió la custodia de las obras maestras que habían acompañado a Leonardo en sus viajes por las cortes europeas y Melzi se encargó de los numerosos cuadernos manuscritos.

> «ME SERÍA IMPOSIBLE EXPRESAR EL DOLOR QUE ME APLASTA Y, MIENTRAS LOS ELEMENTOS DE MI CUERPO SIGAN UNIDOS, SEGUIRÉ SUMIDO EN LA TRISTEZA PERPETUA.»

MELZI, en una carta a Lorenzo, hermanastro de Leonardo, 1519

60
mendigos siguieron el cortejo fúnebre de Leonardo

LEONARDO DA VINCI

02
MUNDO

«EL PRIMER MÉTODO PARA VALORAR LA INTELIGENCIA DE UN GOBERNANTE ES MIRAR A LOS HOMBRES QUE TIENE A SU ALREDEDOR.»

NICOLÁS MAQUIAVELO, *El príncipe*, 1513

CIUDADES ESTADO

En tiempos de Leonardo, la península italiana estaba dividida en regiones, muchas de las cuales giraban alrededor de ciudades que habían sobrevivido a la caída del Imperio romano y habían conservado instituciones políticas de la República romana. Los Alpes separaban a estas ciudades Estado del resto de Europa, por lo que eran mayoritariamente autónomas y habían escapado al control de los monarcas absolutos. Se suele atribuir a la rivalidad entre estas repúblicas independientes el inicio de los rápidos progresos en el comercio, las finanzas, el urbanismo, la cultura y el arte que ahora llamamos Renacimiento.

ENTRE LOS SIGLOS XI Y XIV LA POBLACIÓN ITALIANA SE DUPLICÓ

10.000.000

5.000.000

1001 d. C. 1301 d. C.

MÁS DE UNA TERCERA PARTE DE LA POBLACIÓN MASCULINA SABÍA LEER EN EL SIGLO XIII, LA PROPORCIÓN MÁS GRANDE DE LA EUROPA DE ENTONCES.

VENECIA, FLORENCIA Y MILÁN TENÍAN CADA UNA MÁS DE

100.000

HABITANTES

VENECIA

FLORENCIA

ROMA

EL **20** %
DE LA POBLACIÓN
VIVÍA EN CIUDADES

EL FLORENTINO
LUCA PACIOLI
(c. 1447-1517)

INVENTÓ LA
CONTABILIDAD Y
LA TENEDURÍA
DE LIBROS
MODERNAS

$1+1=2$

CIUDADES ESTADO RIVALES

Florencia y Milán fueron los dos epicentros gemelos de la vida profesional de Leonardo. En la primera cultivó su desarrollo artístico e intelectual, mientras que en la segunda concibió y ejecutó algunas de sus mayores obras maestras.

MILÁN/MILANO

Población: aprox. 100.000

● = 1.000

FLORENCIA/FIRENZE

GOBIERNO

República gobernada por un consejo de nueve miembros, pero dominado por la familia Médicis.

BASE ECONÓMICA

Banca y lana.

EDIFICIOS IMPORTANTES

1. Palazzo Vecchio 2. Ponte Vecchio 3. Santa Maria del Fiore

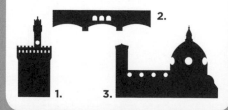

FIGURAS NOTABLES

Nicolás Maquiavelo (1469-1527)
Lorenzo de Médicis (1449-1492)
Girolamo Savonarola (1452-1498)

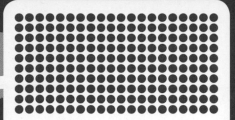

Población: aprox. 200.000
● = 1.000

GOBIERNO

Tiranía bajo el control de Ludovico Sforza, duque de Milán.

BASE ECONÓMICA

Comercio, seda y agricultura.

FIGURAS NOTABLES

Francesco Sforza (1401-1466)
Ludovico Sforza (1452-1508)

EDIFICIOS IMPORTANTES

1. Catedral de Milán 2. Santa Maria delle Grazie 3. Castillo Sforzesco

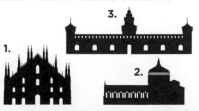

UN LEONARDO DARWINIANO

La tradición cristiana afirmaba que los seres humanos eran entes espirituales, en algún punto entre Dios y los animales. Leonardo tenía la firme convicción de que todos los organismos naturales estaban interrelacionados y eso lo llevó a desarrollar una postura que, en su época, se hubiera calificado de herejía: los seres humanos estaban hechos de la misma materia que los animales y todos los seres vivos estaban conectados. De este modo, se adelantó 350 años a la imagen moderna del mundo natural que instauró Charles Darwin.

LINNEO

«HOMBRE. EN LA DESCRIPCIÓN DEL HOMBRE DEBEN COMPRENDERSE LOS ANIMALES DE ESPECIES PARECIDAS, TALES COMO EL MONO, EL BABUINO Y MUCHOS OTROS SIMILARES.»

LEONARDO,
Cuadernos,
c. 1510

CHARLES DARWIN
(1809-1882)

LEONARDO/DARWIN

En 1859, Charles Darwin publicó *El origen de las especies*, donde planteaba dos ideas clave. La primera era que todas las especies animales descendían de antepasados comunes. La segunda era que la diversidad de las especies era resultado de la dominancia de variaciones físicas específicas que ofrecían a las criaturas una ventaja competitiva en la lucha por la supervivencia y la reproduccion.

Las taxonomías estándares, como la desarrollada por Carlos Linneo (1707-1778), ubicaban al ser humano en la posición superior y los animales ocupaban diferentes escalafones inferiores en función de lo distintos que fueran de los seres humanos. Leonardo y Darwin empezaron desde abajo, con los componentes básicos de la vida animal.

LAS CONEXIONES DE LEONARDO

- **Artistas**
- **Políticos**
- **Científicos/ ingenieros**

DOMENICO GHIRLANDAIO
(1449-1494)

Pintor florentino y, junto a Leonardo, miembro del taller de Verrocchio.

ANDREA DEL VERROCCHIO
(c. 1435-1488)

Pintor y escultor florentino de quien Leonardo fue aprendiz.

FILIPPINO LIPPI
(1459-1504)

Pintor que finalizó como mínimo dos de los encargos que Leonardo dejó inacabados.

ANTONIO POLLAIUOLO
(1429-1498)

Pintor y escultor florentino, director del taller rival de Verrocchio.

GIORGIO VASARI
(1511-1574)

Pintor e historiador que escribió la biografía de Leonardo y pintó sobre su inacabada *La batalla de Anghiari* en el Sala del Consejo del Palazzo Vecchio florentino.

MIGUEL ÁNGEL
(1475-1564)

Escultor, pintor, arquitecto y gran rival de Leonardo.

NICOLÁS MAQUIAVELO
(1469-1527)

Diplomático y filósofo político que colaboró con Leonardo en un plan para desviar el curso del río Arno durante la guerra entre Florencia y Pisa.

CÉSAR BORGIA
(1475-1507)

Noble y comandante militar que contrató a Leonardo como asesor militar de los ejércitos papales.

FRANCESCO DI GIORGIO
(c. 1439-1501)

Arquitecto e ingeniero sienés, contemporáneo de Leonardo en Milán.

LUCA PACIOLI
(c. 1447-1517)

Matemático florentino cuyo libro *De divina proportione* ilustró Leonardo.

DONATO BRAMANTE
(1444-1514)

Arquitecto de la corte de Ludovico Sforza y amigo de Leonardo.

RAFAEL
(1483-1520)

Pintor y escultor influido por los retratos de Leonardo.

SANDRO BOTTICELLI
(1445-1510)

Pintor florentino y amigo de Leonardo.

MIGUEL ÁNGEL

El hecho de que estos dos genios artísticos no solo estuvieran vivos al mismo tiempo, sino que además vivieran en la misma área geográfica y trabajaran en muchos casos para los mismos clientes resulta asombroso. Lo que quizá no resulte tan sorprendente es que no se llevaran demasiado bien. Al parecer, Miguel Ángel pensaba que Leonardo era un diletante y un charlatán, mientras que Leonardo veía a su joven rival como a un advenedizo chabacano. A pesar de la feroz competitividad del mundo del arte renacentista, debido al limitado número de mecenas y de encargos, la enconada rivalidad entre estos dos artistas sorprendió incluso a sus contemporáneos.

89

37
ESCULTURAS

NACIMIENTO 1475 / MUERTE 1564

10
EDIFICIOS

MÁS DE
300
POEMAS

7
CUADROS

CARÁCTER
Tosco, irascible y solitario

OBRAS MAESTRAS
David, **el techo de la Capilla Sixtina**

LEONARDO

20 CUADROS

UNAS **6.000** PÁGINAS MANUSCRITAS DE NOTAS Y DIBUJOS

67

NACIMIENTO 1452 / MUERTE 1519

OBRAS MAESTRAS

Mona Lisa, La Última Cena

CARÁCTER

Elegante, cautivador, sociable

MUNDO

47

ÚTERO DE VACA

CONCHAS

«NÓTESE EL MOVIMIENTO EN LA SUPERFICIE DEL AGUA, QUE SE PARECE AL CABELLO Y CONSISTE EN DOS TIPOS DE MOCIÓN, UNO QUE RESPONDE AL PESO DE LOS MECHONES Y EL OTRO A LA DIRECCIÓN DE LOS RIZOS; ASÍ, ESTA AGUA HACE REMOLINOS, QUE EN PARTE RESPONDEN AL ÍMPETU DE LA CORRIENTE PRINCIPAL, MIENTRAS QUE EN PARTE RESPONDEN AL MOVIMIENTO INCIDENTAL DE LA DESVIACIÓN.»

LEONARDO, *Cuadernos*, c. 1510

EL CABELLO DE LEDA

EL VÓRTICE

Leonardo exploró los vórtices en el flujo del aire, en la circulación de la sangre por el corazón y en las pautas del cabello humano, como demuestran sus estudios del cuadro perdido *Leda y el cisne*. Los vórtices aparecían en dibujos de conchas, plantas, úteros de vaca y, de forma más espectacular, en una serie de imágenes de tormentas. El flujo del agua obsesionaba especialmente a Leonardo, que escribió que había llegado a «730 conclusiones acerca del agua» y enumeró 64 términos distintos utilizados para referirse al agua en movimiento.

PARAGONE

Paragone («comparación», en italiano) es el término con el que se alude a una discusión que tuvo lugar de forma intermitente a lo largo del Renacimiento y que pretendía dilucidar la superioridad relativa de las distintas artes en términos de su capacidad para recrear las formas de la naturaleza.

Baltasar Castiglione incluyó en *El cortesano* un debate sobre los méritos relativos de la pintura y la escultura. El debate también sirvió para elevar el estatus de las artes visuales, que hasta entonces se habían considerado como mera artesanía mecánica, a diferencia de la poesía y de la música.

LA PINTURA ES SUPERIOR

- exige imaginación además de habilidad técnica, a diferencia de la escultura

- puede representar una escena o una historia completa

- permite que el artista controle el color y la luz para lograr el mejor efecto

LA ESCULTURA ES SUPERIOR

- es más duradera y permanente que la pintura

- deriva directamente de los modelos más antiguos y, por lo tanto, es la forma de arte primaria

- permite representar la naturaleza en tres dimensiones

LEONARDO DA VINCI

03
OBRA

«QUIENES TOMAN POR GUÍA TODO LO QUE NO SEA LA NATURALEZA, SEÑORA DE SEÑORES, SE ESFUERZAN EN VANO.»

LEONARDO, *Cuadernos*, c. 1510

EL DISCÍPULO SE CONVIERTE EN MAESTRO

La primera muestra conocida de la pintura de Leonardo es un ángel pintado en la esquina inferior del *Bautismo de Cristo* de su maestro, Verrocchio. En comparación con la figura bastante angulosa y estática del Cristo de Verrocchio, el ángel de Leonardo brilla con energía interna; la carne parece cálida y tierna y la cascada de rizos rubios lo señala como hijo de Leonardo. Se dice que la habilidad de su discípulo hizo que su maestro Verrocchio renunciara por completo a la pintura.

▲ *El bautismo de Cristo*
Andrea del Verrocchio
Óleo y temple sobre madera,
1472-1475
177 x 151 cm

«LEONARDO PINTÓ UN ÁNGEL... Y LO HIZO DE TAL MODO QUE EL ÁNGEL DE LEONARDO ERA MUCHO MEJOR QUE LAS FIGURAS DE ANDREA. ESTE FUE EL MOTIVO POR EL QUE ANDREA YA NO QUISO TOCAR LOS COLORES...»

GIORGIO VASARI, *Las vidas de los más excelentes pintores, escultores y arquitectos,* 1550

La Anunciación es el primer cuadro que se conoce de Leonardo en solitario. Contiene motivos del estudio de Verrocchio, pero también hay elementos que apuntan al estilo maduro de Leonardo.

▲ *La Anunciación*
Óleo y temple sobre madera,
c. 1472-1475
98 x 217 cm

PERSPECTIVA

El cuadro tiene una perspectiva bastante mecánica y laboriosa y la Virgen está demasiado alejada del atril, por lo que el brazo parece demasiado largo. Es posible que el cuadro se concibiera para ser visto desde la derecha.

OBSERVACIÓN

La alfombra de flores y el gran detalle del paisaje rocoso del fondo demuestran la capacidad de observación científica de Leonardo.

LUZ

La sugerencia de la tenue luz del amanecer que ilumina a las figuras con suavidad es una indicación del estilo *sfumato* («esfumado») que distinguirá a sus obras posteriores, la famosa de las cuales es la *Mona Lisa*.

LAS IDEAS ECHAN A VOLAR

INSPIRADAS EN LAS ALAS DE UN MURCIÉLAGO

HECHAS DE TELA ESTIRADA SOBRE UN ARMAZÓN DE MADERA

DISEÑO DE UN HELICÓPTERO

Leonardo fue volviendo de manera obsesiva a la idea del vuelo humano durante toda su carrera. En 1505 escribió un tratado (ahora en Turín) dedicado íntegramente a estudios y dibujos de aves y de alas, con notas sobre formas de alerones y coeficientes de sustentación. Aunque diseñó una especie de helicóptero, la mayoría de sus planos muestran una máquina con alas, un *uccello* («pájaro»). Se desconoce si alguna de estas máquinas llegó a probarse alguna vez, aunque junto a uno de los diseños hay una nota que advierte que las pruebas de vuelo se deben llevar a cabo sobre las aguas de un lago...

2,4 m

9 m

HERMANOS WRIGHT
120 m

LEONARDO
140 m

En 2003, Judy Leden, campeona de ala delta, logró emprender el vuelo con un planeador basado en el diseño de Leonardo y recorrió una distancia superior a la que se alcanzó durante los primeros intentos de los hermanos Wright en 1900.

OBRA

PERMÍTAME QUE LE PRESENTE...
LO QUE EL MAESTRO LEONARDO PUEDE OFRECERLES...

La aparente incapacidad de Leonardo para terminar los encargos que recibió en Florencia sugiere que el maestro no se supo adaptar a las exigencias comerciales impuestas al artista renacentista cuando los trabajos eran de carácter ocasional. Necesitaba una retribución fija y un mecenas rico, y Ludovico Sforza, el gobernante absoluto de la inmensamente poderosa ciudad Estado de Milán, era el candidato ideal. Su carta de presentación demuestra que Leonardo reconocía las prioridades de su posible patrón, porque se presentó fundamentalmente como un ingeniero militar que hacía incursiones en la pintura y la escultura.

01 Puentes portátiles y «métodos para destruir e incendiar los del enemigo».

02 Drenar el agua de fosos y trincheras.

03 Métodos para demoler cualquier castillo o fortaleza, «incluso si están construidos con piedra».

04 Métodos para excavar pasajes subterráneos.

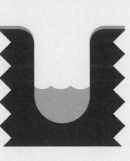

05 Bombardas que arrojan piedras pequeñas «casi como si fueran una tormenta».

06 Nuevos tipos de carros acorazados.

 07 Artillería liviana con «formas bellísimas y utilidades distintas a la habitual».

08 Catapultas de «eficacia admirable y poco usadas».

09 «Si la lucha se desarrollara sobre el mar, puedo construir máquinas que pueden servir tanto para el ataque como para la defensa».

ADEMÁS...

 10 «Puedo también esculpir en mármol, bronce y arcilla, y respecto a la pintura, me es posible competir con cualquiera, sea quien sea.»

EL CÓDICE ATLÁNTICO

Se considera al *Códice Atlántico* la colección más importante que existe de los dibujos y los escritos de Leonardo. El compendio, que consta de 12 volúmenes encuadernados en piel, contiene dibujos y reflexiones sobre una amplia variedad de temas, desde el vuelo y el armamento hasta estudios sobre pintura y escultura. El nombre se debe a su gran formato, comparable al de un atlas. Después la muerte de Leonardo, uno de sus pupilos, Francesco Melzi, guardó todos sus escritos para que estuvieran seguros y en un mismo sitio, pero tras el fallecimiento del propio Melzi, los documentos se dispersaron entre múltiples marchantes y coleccionistas de arte. A finales del

siglo XVI, el escultor italiano Pompeo Leoni logró hacerse con gran cantidad de los documentos de Leonardo y empezó a montar los papeles disparejos sobre las grandes hojas de papel que entonces se usaban en la confección de atlas, hasta que, poco a poco, los reunió en una colección. El códice acabó encontrando un hogar en la Biblioteca Ambrosiana de Milán en 1637, donde permaneció durante los 160 años siguientes, hasta que Francia invadió Italia y Napoleón Bonaparte ordenó el traslado de la obra al Louvre, en París, en 1796. En 1815 fue devuelta a Milán y hoy sigue en la Biblioteca Ambrosiana, donde se conserva en un entorno de temperatura y humedad controladas.

CONFECCIONADO

1478-1519

PÁGINAS **DIBUJOS**

1.119 1.100

VOLÚMENES

12

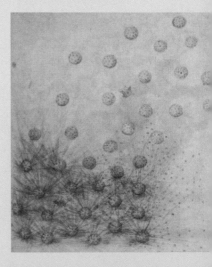

MATERIAS TRATADAS

Anatomía; armamento; arquitectura; astronomía; botánica; ciencia mecánica; estudios de escultura; estudios de pintura; fábulas; geometría; hidráulica; ingeniería; instrumentos musicales; matemáticas; reflexiones filosóficas; química; vuelo; zoología.

TAMAÑO

65 × 44 cm

TÉCNICA

LÁPIZ Y TINTA SOBRE PAPEL

Cañones y balas de cañón ▼
Códice Atlántico, f. 31 recto.

1478-1519

Leonardo crea los dibujos y escritos que formarán el *Códice Atlántico*.

1519

Tras la muerte de Leonardo, Francesco Melzi hereda los documentos.

1570

Melzi muere, y los folios se reparten y se venden.

FINALES DEL SIGLO XVI

El escultor Pompeo Leoni reúne los documentos en el códice.

1637

Los familiares de Leoni venden el códice al marqués Galeazzo Arconati, que lo dona a la Biblioteca Ambrosiana.

1796

Napoleón conquista Milán y ordena el traslado de la obra al Louvre, en París.

1815

El códice regresa a la Biblioteca Ambrosiana de Milán.

EL HOMBRE DE VITRUVIO

El *Hombre de Vitruvio* de Leonardo fue una expresión visual del concepto de la armonía divina de la naturaleza, que Dios había creado siguiendo unos principios y proporciones ideales. El ser humano arquetípico era un reflejo en miniatura de esa geometría divina. Por extensión, la obra de los arquitectos se debía basar en las proporciones del cuerpo humano. Los pensadores del Renacimiento sistematizaron esta idea general mediante análisis precisos y detallados de la perspectiva y de las relaciones geométricas armónicas.

LA CUADRATURA DEL CÍRCULO

Es un famoso reto matemático que consiste en construir un círculo y un cuadrado de áreas iguales. Matemáticos y filósofos intentaron resolverlo durante siglos hasta que, en 1882, se demostró que era imposible. Ahora, el término se usa habitualmente como una metáfora del intento de hacer algo imposible.

¿QUIÉN ES EL *HOMBRE DE VITRUVIO*?

Se trata de una representación visual de un pasaje del tercer volumen de *De architectura* de Vitruvio, donde se describen las medidas de un hombre de proporciones perfectas.

El *Hombre de Vitruvio* encaja perfectamente tanto en el círculo como en el cuadrado, en una demostración de que las proporciones humanas ideales se corresponden con las dos figuras geométricas ideales en las que se basa la arquitectura clásica.

Vitruvio (75-15 a. C.) fue un arquitecto e ingeniero civil romano cuya obra en 10 volúmenes *De architectura* tuvo una influencia inmensa en el Renacimiento.

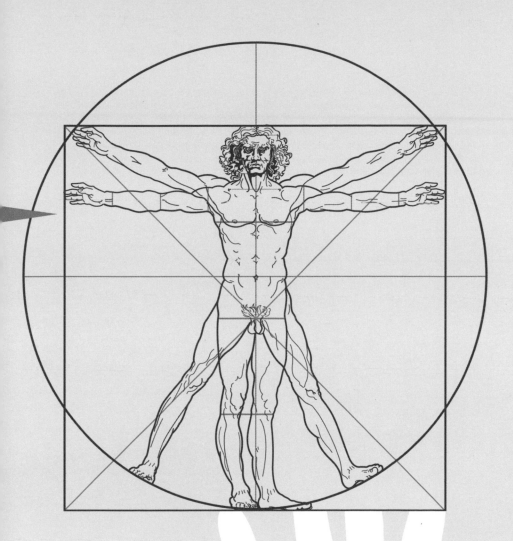

EL DIBUJO ESTÁ RODEADO POR UNA INSCRIPCIÓN EN LA CÉLEBRE ESCRITURA ESPECULAR DE LEONARDO QUE DICE ASÍ:

- *4 dedos hacen 1 palma*
- *4 palmas hacen 1 pie*
- *6 palmas hacen 1 codo*
- *4 codos hacen 1 hombre*
- *4 codos hacen 1 paso*
- *24 palmas hacen 1 hombre*

EL INGENIERO CIVIL

En 1504, Leonardo recuperó un antiguo plan para la construcción de un canal que iría desde Florencia hasta el tramo navegable del río Arno, al oeste de Pisa, para evitar los meandros rocosos que convertían el río en no navegable. El mapa que produjo es una representación vívida de la topografía de la zona. ¡Casi se puede oír el rugido del agua! Sin embargo, Leonardo sumó a su gran capacidad como dibujante un estudio topográfico de gran solidez. Eligió una ruta que trazaba un arco hacia el norte a través de las llanuras antes de atravesar las montañas de Serravalle. Es exactamente la misma ruta que eligieron los ingenieros de la *autostrada* A-11 400 años después.

LUCCA

PISA

ITALIA

RUTA DE LA AUTOSTRADA A-11

SERRAVALLE

FLORENCIA

RÍO ARNO

Plano geográfico de la ruta propuesta para el canal ▶
Dibujo con pluma y tinta sobre piedra negra. 1503-1504. Biblioteca Real del Castillo de Windsor.

CABALLO GIGANTE

LEYENDA

Estatua ecuestre de Gattamelata, Donatello (1453)

ALTURA: 3,7 m

Estatua ecuestre de Bartolomeo Colleoni, Andrea del Verrocchio (1488)

ALTURA: 4 m

Estatua ecuestre de Marco Aurelio (175 d. C.)

ALTURA: 4,3 m

Uno de los primeros encargos para Ludovico Sforza fue una estatua ecuestre de Francesco Sforza, padre de Ludovico y fundador de la dinastía. El monumento se proyectó a una escala sin precedentes para reflejar el poder del ducado de Milán (y quizá para hacer olvidar el innoble hecho de que el progenitor de la casa Sforza era un soldado mercenario bastardo). Leonardo pasó meses en los establos del duque realizando detallados bosquejos anatómicos y diseñó la maquinaria necesaria para moldear la estatua de bronce de una sola pieza. El poderoso caballo (la figura de Francesco, el jinete, desapareció en algún punto del proyecto) adquirió un estatus legendario y, por desgracia, se quedó en eso, ya que los franceses expulsaron a Ludovico de Milán en 1499 y el monumento no se terminó jamás.

El monumento ecuestre de Leonardo por fin se hizo realidad en 1999, cuando se desveló un molde a tamaño completo en Milán. El filántropo Frederik Meijer encargó un segundo molde, que ahora está situado en el Frederik Meijer Gardens and Sculpture Park de Grand Rapids, en Michigan, desde 1999.

ALTURA

7,6 m

PESO 70 TONELADAS

VIRGENCITA, VIRGENCITA...

La Cofradía de la Inmaculada Concepción de Milán encargó a Leonardo que pintara un retablo para su capilla en la iglesia de San Francesco il Grande en abril de 1483. Veinticinco años después, tras una saga de disputas contractuales, amenazas legales, arbitrajes judiciales y la misteriosa desaparición de la primera versión de *La Virgen de las rocas*, la segunda versión ocupó por fin su lugar en la capilla de la Cofradía. La historia de las dos versiones revela el pedregoso camino que supone trabajar con un genio.

El contraste de luces y sombras es más pronunciado.

Ninguna de las tres figuras humanas tiene halo.

Los dibujos botánicos son más precisos.

El ángel señala directamente a Juan el Bautista.

▲ *La Virgen de las rocas* (París)
VERSIÓN 1
Óleo sobre tabla transferido a lienzo, 1483-c. 1486
199 x 122 cm

El paisaje está idealizado.

La recesión del paisaje del fondo es más gradual.

▲ *La Virgen de las rocas* (Londres) **VERSIÓN 2**
Óleo sobre tabla,
c. 1495-1508
189 x 120 cm

Todas las figuras son un poco más grandes.

El tono del color es más uniforme.

1483 Leonardo recibe el encargo de pintar un retablo para la Cofradía de la Inmaculada Concepción.

c. 1486 La obra, *La Virgen de las rocas*, está terminada, pero no en su lugar debido a una disputa contractual.

1491 Leonardo escribe una carta a Ludovico Sforza para quejarse de que la Cofradía no le ha pagado su trabajo.

c. 1493 La VERSIÓN 1 se vende, posiblemente al propio Ludovico Sforza.

c. 1495 Inicio de la VERSIÓN 2 del cuadro.

1503 Los notarios de la Cofradía redactan un resumen de la disputa sobre el pago, que aún sigue en pie.

1506 Se nombran árbitros para que negocien un acuerdo y examinen la VERSIÓN 2, que está a medias.

1508 Leonardo recibe el pago final para la VERSIÓN 2, ya terminada.

1576 La VERSIÓN 2 se retira, porque van a demoler la iglesia.

1625 La VERSIÓN 1 está en la Colección Real de Francia.

1785 La Cofradía vende la VERSIÓN 2 al pintor británico Gavin Hamilton.

1880 La National Gallery de Londres compra la VERSIÓN 2.

LA BATALLA DE LAS BATALLAS

En 1503-1504, Miguel Ángel y Leonardo tuvieron la oportunidad de batirse en un duelo artístico cuando ambos recibieron el encargo de pintar una escena de batalla para la Sala del Consejo de la República de Florencia. Tal y como se puede ver, los trabajos que propusieron cada uno demuestran lo distintas que eran las pasiones y las preocupaciones de los artistas rivales. Al final, ninguna de las dos obras se terminó. En 1505, el papa Julio II llamó a Roma a Miguel Ángel para que diseñara su tumba. En 1506, los gobernantes franceses de Milán reclamaron a Leonardo y, a pesar de los esfuerzos del consejo florentino para conseguir que terminara su obra, jamás la retomó. En 1512, los españoles saquearon Florencia y devolvieron el poder a los Médicis. La gran competición había terminado.

MIGUEL ÁNGEL
LA BATALLA DE CASCINA

Una narración heroica de cómo la virtuosa población se alzó en defensa de su ciudad.

Demuestra la fascinación de Miguel Ángel por el cuerpo masculino desnudo en *contrapposto*.

Transmite la creencia en la virtud y el idealismo de la ciudadanía.

▲ *La batalla de Cascina* **(según Miguel Ángel)**
Copia de Bastiano da Sangallo, discípulo de Miguel Ángel
Óleo sobre madera, c. 1542
77 x 130 cm

La batalla de Anghiari (según Leonardo) ▲
Copia de Peter Paul Rubens
Dibujo del cartón, c. 1603
45 x 64 cm

Una representación gráfica
del salvajismo de la guerra.

Muestra la meticulosa
atención que Leonardo
prestaba a los detalles
anatómicos.

Sugiere cierto escepticismo
acerca de los conceptos
de heroísmo y valor en la
guerra.

LEONARDO
BATALLA DE ANGHIARI

Aunque Miguel Ángel no
llegó a aplicar el pincel sobre
el yeso, Leonardo sí que completó
parte de su obra, pero todos los
esfuerzos para descubrirla bajo la
decoración posterior de las paredes
por parte de Vasari fueron
en vano.

ANATOMÍA

Leonardo llevó a cabo docenas de disecciones de humanos y animales, incluida la de un cuerpo humano completo en invierno de 1507. A pesar de la precisión y la vitalidad insuperables de sus dibujos anatómicos y de su enfoque investigador científico «moderno», Leonardo todavía conservaba la idea cosmológica medieval de que toda la naturaleza sigue el mismo patrón. Los seres humanos estaban hechos de los mismos elementos que el resto del universo, por lo que podían encontrarse analogías en todas partes.

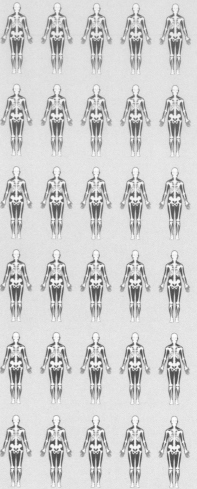

«MANUSCRITO ANATÓMICO A»

18 páginas dobles

+240 dibujos meticulosos

13.000 palabras

escritas en «escritura especular»

La colección de estudios del cuerpo humano que Leonardo realizó entre 1510 y 1511 se halla en la Colección Real de Windsor. Se conoce como «Manuscrito anatómico A».

+30

CADÁVERES DISECCIONADOS

UN PROMEDIO DE 2 AL AÑO

CRÁNEO

Inyectó cera derretida en un cráneo para ubicar las cavidades craneales, lo que le permitió hacer dibujos anatómicos muy precisos.

CEREBRO

Buscaba el alma humana y dedujo que el cerebro era el «centro de mando» del cuerpo.

TORSO

Hizo precisas observaciones de la ubicación de los órganos internos.

CORAZÓN

Llenó un corazón con cera derretida e hizo un molde de yeso. Vio que el corazón tenía 4 cámaras (hasta entonces se creía que tenía 2) y sugirió, acertadamente, que las arterias se obstruyen a lo largo de la vida, lo que provoca problemas de salud.

HÍGADO

Dibujó un hígado de tamaño exagerado e identificó correctamente la enfermedad hepática como la causa de la muerte.

COLUMNA VERTEBRAL

Es posible que sus conocimientos de ingeniería lo ayudaran a dibujar correctamente la curvatura de la columna y los detalles de las vértebras. Sin embargo, concluyó, incorrectamente, que el semen se originaba en la columna vertebral.

SISTEMA REPRODUCTIVO

Tuvo dificultades para ilustrar el sistema reproductivo femenino, probablemente por la falta de cadáveres de mujeres, y sus dibujos muestran un sistema más parecido al de las vacas.

BIOGRÁFICO **LA ÚLTIMA CENA**

En 1495, Leonardo recibió el encargo de pintar un mural de *La Última Cena* en la pared del refectorio del convento de Santa Maria delle Grazie de Milán. En lugar de usar la técnica del fresco, que consiste en pintar sobre yeso húmedo que absorbe la pintura para que esta pase a formar parte de la pared, Leonardo decidió pintar sobre la pared seca con óleo y temple. Esto le permitió trabajar con lentitud y crear su característico efecto *sfumato*, pero resultó catastrófico para el mural, que se empezó a desprender de la pared casi en cuanto estuvo terminado, debido a la humedad.

▲ *La Última Cena*
Óleo y temple sobre yeso, 1495-1498
460 x 880 cm

EL PODER DEL TRES

La Última Cena contiene varias referencias a la Santísima Trinidad.

Hay tres ventanas detrás de Jesús.

Los apóstoles están reunidos en cuatro grupos de tres.

La postura de Jesús, con los brazos tendidos, forma un triángulo.

RESTAURACIONES

7
intentos de restauración

21
años invertidos en el último intento de restauración

50.000
horas invertidas en total en los esfuerzos de restauración

42%
de la pintura original se conserva

SIGLOS DE DESASTRES

XV
1495 Encargo del mural.
1495-1498 Leonardo pinta el mural.

XVI
1517 El mural empieza a desprenderse.
1556 Giorgio Vasari afirma que el mural ya está «arruinado».

XVII
1652 Se abre una puerta a través de la parte inferior del mural.

XVIII
1796 Las fuerzas revolucionarias francesas anticlericales atacan el mural con piedras.

XIX
1821 Un intento de retirar el mural daña seriamente la zona central.

XX
1943 Los bombardeos aliados durante la Segunda Guerra Mundial dañan gravemente el refectorio.

OBRA

OBRAS PERDIDAS

Leonardo terminó relativamente pocos cuadros y algunos, como *La Última Cena* y su decoración de la Sala delle Asse en el Castillo Sforza de Milán, solo nos han llegado en forma fragmentaria. A partir de documentos contemporáneos, como *Las vidas* de Vasari, sabemos que pintó otras obras que han desaparecido. Y hay otras doce cuya autoría está en cuestión.

LA BATALLA DE ANGHIARI

En 1504, Piero Soderini encargó a Leonardo el cuadro que debía adornar la Sala de los Quinientos en el Palazzo Vecchio de Florencia. Se cree que Giorgio Vasari pintó sobre el cuadro que Leonardo dejó a medias durante una remodelación del Palazzo en la década de 1560.

OTRA CAPA DE PINTURA

LEDA Y EL CISNE

El cuadro, realizado entre 1504 y 1508, mostraba a Leda desnuda y abrazada a un cisne. Su última ubicación conocida es el Château de Fontainebleau (París) en 1625. Aunque existen varias copias y variaciones del cuadro, se cree que el original se perdió y luego fue destruido.

9
presuntas copias

LEONARDO
DA VINCI

04
LEGADO

«ES POSIBLE QUE EN TODO EL MUNDO NO HAYA OTRO EJEMPLO DE UN GENIO TAN UNIVERSAL, TAN INCAPAZ AL MISMO TIEMPO DE DARSE POR SATISFECHO, CON TAL ANHELO DE LO INFINITO, TAN NATURALMENTE REFINADO, TAN AVANZADO RESPECTO A SU SIGLO Y LOS POSTERIORES.»

HIPPOLYTE TAINE, *Viaje por Italia*, 1866

BIOGRÁFICO MONA LISA

El cuadro más famoso del mundo es el mismo del que Leonardo parecía ser incapaz de desprenderse. Lo empezó en 1503, probablemente por encargo del marido de la modelo, Francesco del Giocondo, un sedero florentino. Si fue así, Francesco debió de sufrir una decepción, al igual que muchos de los clientes de Leonardo, porque el cuadro seguía junto al artista cuando este falleció en Francia 16 años después. Se ha especulado con la posibilidad de que Leonardo mantuviera algún tipo de relación significativa con Lisa y que eso explicara su reticencia a separarse del retrato, pero lo cierto es que el cuadro contiene elementos suficientes para dar cuenta por sí mismos del apego del artista.

▲ **Mona Lisa**
Óleo sobre madera, 1517
77 x 53 cm

LA MIRADA

Es el único de los retratos de Leonardo donde el modelo mira directamente hacia fuera del lienzo, por lo que crea una intimidad psicológica sin precedentes entre la obra y el espectador.

LA SONRISA

Según Dante, los ojos y los labios eran las ventanas del alma. El retrato de Leonardo es un perfecto ejemplo de ello y explota con brillantez nuestro deseo instintivo de adivinar el carácter de una persona mirando su rostro. ¿Por qué nos sonríe? O, más concretamente, ¿por qué me sonríe?

EL AGUA

El paisaje toscano imaginario es más que un mero fondo: expresa la percepción de Leonardo de las pautas fundamentales del mundo natural del cual forman parte los seres humanos. El agua corriente se refleja en las ondas y los rizos del cabello, en la ropa de Lisa y en el efecto de espiral que adopta su pañuelo. Lo humano y lo natural se disuelven lo uno en lo otro.

MATERIALES

La *Mona Lisa* es un óleo sobre tabla de álamo. Leonardo mezcló los colores con la técnica del *sfumato* y pintó con tanta sutileza que las pinceladas son invisibles.

Mona Lisa
77 x 53 cm

NO TAN GRANDE COMO UNO SE ESPERA

Leonardo
173 cm
de estatura

15 s

el tiempo promedio que pasa la gente mirándola

300.000 $

pagaron 6 estadounidenses ricos diferentes por lo que pensaban que era el cuadro, después de que fuera robado en 1911.

6.000.000

personas visitan la *Mona Lisa* en el Louvre de París cada año.

Picasso fue uno de los sospechosos del robo de la *Mona Lisa* y fue interrogado al respecto, pero luego fue puesto en libertad sin cargos.

14

años se cree que tardó en pintarlo

3

capas distintas pintadas bajo la que vemos ahora

500

años de edad en 2017

Inicio

1503

1517

Fin

¿FUNCIONAN?

La imaginación de Leonardo era tan fértil que es imposible afirmar de manera tajante cuántas máquinas diseñó, del mismo modo que no podemos saber con certeza si llegó a construir alguna de ellas. Y, aunque las máquinas voladoras y las ballestas gigantes han cautivado la imaginación de las generaciones posteriores, es muy probable que el tejido tecnológico de su época absorbiera mejoras en los sistemas de marchas y en la maquinaria industrial, aunque ahora no nos parezcan tan espectaculares.

MÁQUINA PARA TALLAR LENTES

INGENIOSOS, PERO PROBABLEMENTE IMPRACTICABLES

TANQUE

AUTOMÓVIL

PROBADOS CON ÉXITO EN EL SIGLO XX

PUENTE GIRATORIO

PARACAÍDAS

FABRICADOS CON TODA CERTEZA

DEVANADOR
DE CANILLAS

ENGRANAJE DE
TORNILLO SIN FIN

ENGRANAJE
DE CREMALLERA

HELICÓPTERO

BALLESTA GIGANTE

PLANEADOR SIN MOTOR

TRAJE DE BUZO

LEGADO

HOMBRES (Y MUJERES) DEL RENACIMIENTO

La expresión «hombre del Renacimiento» se acuñó a principios del siglo XX para describir a una persona con un amplio abanico de talentos y logros, cuyo paradigma eran muchos artistas y pensadores del Renacimiento. Aunque Leonardo es el epítome del hombre del Renacimiento, hubo otros antes que él y también los ha habido después. Incluso hay (digámoslo bajito) mujeres del Renacimiento...

AL BIRUNI
973-1048

Médico

Astrónomo

Historiador

Lingüista

Naturalista

Farmacéutico

HILDEGARDA DE BINGEN
1098-1179

Teóloga

Poeta

Filósofa

Dramaturga

Compositora

Historiadora natural

Botánica

Fisióloga

GALILEO
1564-1642

Astrónomo

Ingeniero

Físico

Filósofo

Matemático

C. B. FRY
1872-1956

Jugador internacional de fútbol y de criquet

Récord mundial de salto de longitud

Diplomático

Periodista

Escritor

Rey de Albania (casi)

ORSON WELLES
1915-1985

Actor

Director de cine

Director de teatro

Escritor

Mago

SIMONE DE BEAUVOIR
1908-1986

Escritora

Intelectual

Filósofa

Activista política

Teórica del feminismo y socióloga

ALEX COMFORT 1920-2000

Médico

Gerontólogo

Sexólogo

Biólogo marino

Activista político

Poeta

Novelista

Psiquiatra

Traductor

ADAPTAR A LEONARDO

La obra de Leonardo se ha adaptado y utilizado de múltiples maneras. Se han fabricado prototipos funcionales a partir de sus diseños, otros artistas han copiado y parodiado su obra y ha ayudado como mínimo a una novela a catapultarse a las listas de superventas. El mundo que creó es tan diverso, sugerente, denso e intensamente imaginado que ofrece un amplísimo campo de exploración, incluso ahora, 500 años después de su muerte.

LA *MONA LISA* HA SIDO REPRODUCIDA USANDO:

3.000
TAZAS DE CAFÉ

10.000
GOMINOLAS

5.000
PIEZAS DE LEGO

100.000
PIEDRAS PRECIOSAS

315 CUBOS
DE RUBIK

6.000
TOSTADAS

El código Da Vinci cita a Leonardo como uno de los miembros del Priorato de Sion, inserta a María Magdalena en *La Última Cena* y presenta un cadáver dispuesto en la forma del Hombre de Vitruvio. No parece que nada de eso entorpeciera las ventas.

Ventas aproximadas de *El código Da Vinci*:

92 millones de euros

Ediciones en distintos idiomas:

42

ENCONTRAR A LEONARDO

◄ **Estudio de un oso caminando**
Punta de plata sobre papel, c. 1482-1485
10 x 13 cm

▲ **La Virgen, el Niño Jesús y Santa Ana**
Óleo sobre madera, c. 1503-1519
168 x 130 cm

▲ **San Jerónimo**
Óleo sobre madera, c. 1482
103 x 74 cm

CUADROS

● **Galería Uffizi, Florencia**
La Anunciación
La Adoración de los Reyes Magos

● **Alte Pinakothek, Múnich**
La Virgen del clavel

● **National Gallery, Washington**
Retrato de Ginebra de Benci

● **Pinacoteca Vaticana, Roma**
San Jerónimo

● **Pinacoteca Ambroslana, Milán**
Retrato de un músico

● **Museo del Hermitage, San Petersburgo**
Madona Benois

● **Musée du Louvre, París**
Mona Lisa
La Virgen de las rocas
La Belle Ferronnière
La Virgen, el Niño Jesús y Santa Ana
San Juan Bautista

● **Czartoryski Museum, Cracovia**
La dama del armiño

● **National Gallery, Londres**
La Virgen de las rocas

● **Santa Maria delle Grazie, Milán**
La Última Cena

● **Colección privada, Nueva York**
La Virgen de la rueca

● **Scottish National Gallery, Edimburgo**
La Virgen de la rueca

CUADERNOS

◆ **Biblioteca Ambrosiana, Milán**
Códice Atlántico (1478-1519)

◆ **Bibliothèque de l'Institut de France, París**
Manuscritos de París A-M
Códice Ashburnham I y II (c. 1492)

◆ **Biblioteca Trivulziana, Milán**
Codex Trivulzianus (c. 1487-90)

◆ **Biblioteca Nacional de España, Madrid**
Códice Madrid I (1490s)
Códice Madrid II (1503-04)

◆ **Victoria and Albert Museum, Londres**
Códice Forster I, II y III
(c. 1487–1505)

◆ **Biblioteca Reale, Turín**
Códice sobre el vuelo de los pájaros
(1505)

◆ **Biblioteca Vaticana, Roma**
Tratado de pintura (c. 1530)

◆ **British Library**
Códice Arundel (1480-1518)

DIBUJOS

■ **British Museum, Londres**

■ **Royal Collection, Windsor**

■ **Metropolitan Museum of Art, Nueva York**

■ **Musée du Louvre, París**

□ **Ashmolean Museum, Oxford**

■ **Galería Uffizi, Florencia**

■ **Biblioteca Reale, Turín**

■ **Galleria dell'Accademia, Venecia**

■ **Szépművészeti Múzeum, Budapest**

□ **Museo Boijmans Van Beuningen, Róterdam**

■ **National Gallery, Londres**

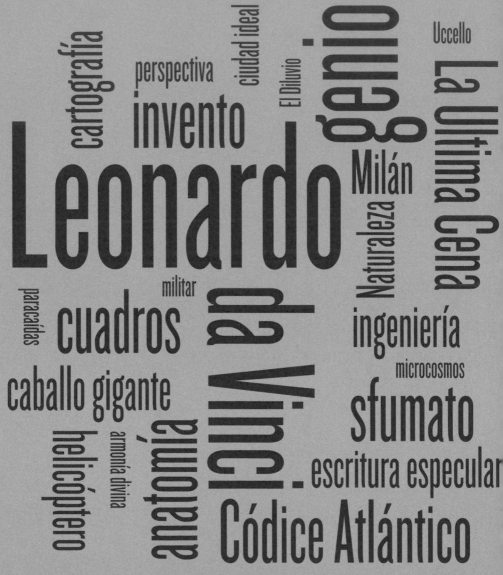

cartografía
perspectiva
ciudad ideal
invento
El Diluvio
genio
Uccello
La Última Cena
Leonardo
Milán
Naturaleza
militar
paracaídas
cuadros
da Vinci
ingeniería
microcosmos
caballo gigante
sfumato
armonía divina
helicóptero
anatomía
escritura especular
Códice Atlántico

Cuadernos
Florencia
Hombre de Vitruvio
Vinci
dibujos
microcosmos
visionario
Mona Lisa
submarino
Virgen de las rocas
escultura
vórtice
arquitectura
Ludovico Sforza
Hombre del Renacimiento
Francesco Melzi
Tratado de pintura
paragone
Vitruvio
Códice Leicester
tanque
cañón
Miguel Ángel
observación
disección
máquina voladora

BIOGRAFÍAS

Andrea del Verrocchio (c. 1435-1488)

Pintor, escultor y orfebre florentino, fue maestro de Leonardo a partir de c. 1469 y el dueño de uno de los talleres de arte más importantes de Florencia, por el que pasaron muchos artistas de importancia.

Ludovico Sforza (1452-1508)

Duque de Milán desde 1494 hasta 1499, fue el mecenas más importante de Leonardo. Le encargó el mural de *La Última Cena* y el caballo Sforza, el nunca terminado monumento a su padre.

Lorenzo de Médicis (1449-1492)

El gobernante de facto de la república de Florencia durante la juventud de Leonardo y un importante mecenas de las artes. Es posible que Lorenzo fuera determinante a la hora de enviar a Leonardo a Milán en 1481, como parte de una misión diplomática a la corte de Ludovico Sforza.

Lisa Gherardini (1479-1542)

La modelo del cuadro más famoso de Leonardo se casó con Francesco del Giocondo, un acaudalado sedero, en 1495. Tuvo cinco hijos y murió en un convento de Florencia, sin haber tenido jamás en sus manos el viajero retrato.

Miguel Ángel Buonarroti (1475-1564)

Escultor, pintor, arquitecto y poeta, fue el acérrimo rival de Leonardo en la competición por ser el mayor artista vivo de la época y ambos tenían personalidades y puntos de vista absolutamente opuestos.

Rafael (1483-1520)

Junto a Leonardo y Miguel Ángel, Rafael completa la trinidad de maestros del Alto Renacimiento. Su obra muestra la influencia de Leonardo.

**Luca Pacioli
(c. 1447-1517)**
Fraile franciscano y matemático, conoció a Leonardo cuando este se incorporó a la corte de Ludovico Sforza en 1497. Leonardo ilustró su libro *De Divina Proportione* (1509).

**Giovanni Francesco Melzi
(c. 1491-c. 1570)**
Hijo de un noble milanés, se incorporó al séquito de Leonardo en 1506 y se convirtió en su compañero. Fue el albacea de Leonardo y el autor del famoso retrato a tiza de Leonardo que ahora se halla en la Colección Real de Windsor.

**Francisco I
(1494-1547)**
Rey de Francia desde 1515 hasta su muerte, fue el último mecenas de Leonardo, desde 1516. El rey llevó consigo varias de sus obras a la corte real, que se quedaron en Francia después de su muerte.

**Giorgio Vasari
(1511-1574)**
Pintor, arquitecto y escritor, es conocido sobre todo por *Las vidas de los más excelentes pintores, escultores y arquitectos*, libro publicado por primera vez en 1550. Hasta mediados del siglo XIX, esta obra fue la principal fuente de información acerca de Leonardo.

**Giovanni Ambrogio de Predis
(c. 1455-c. 1508)**
Pintor y miniaturista que colaboró con Leonardo y con su hermano, Evangelista, en el retablo de *La Virgen de las rocas*. Los paneles laterales se atribuyen a los hermanos.

**Isabella d'Este
(1474-1539)**
Marquesa de Mantua desde 1490, fue una de las mecenas de las artes más importantes de la Italia renacentista. Encargó un retrato a Leonardo, pero este solo completó el cartón. Se la ha propuesto como una de las posibles modelos de la *Mona Lisa*.

Artista

Modelo

Mecenas

Compañero

ÍNDICE

AGRADECIMIENTOS

Créditos de las imágenes

Los editores desean agradecer a los propietarios de las imágenes la autorización para reproducirlas en este libro. Se han llevado a cabo todos los esfuerzos posibles para reconocer a todos los propietarios de copyright y el editor se disculpa por cualquier posible omisión.

7 © Shutterstock.
14 © Shutterstock/Everett Historical.
15 © Shutterstock/Schwabenblitz.
20 © Dover Images.
21 © Dover Images.
46 © Shutterstock/Angela Jones.
47 © Dover Images.
48 © Getty Images/Corbis Fine Art.
49 © Shutterstock.
49 © Shutterstock/Angela Jones.
54 © FineArt/Alamy Stock Photo.
55 © Dover Images.

60 © Dover Images.
63 © Shutterstock/ARCHITECTEUR.
65 © Getty Images/Apic.
68 © Dover Images.
69 © Dover Images.
70 © Getty Images/De Agostini Picture Library.
71 © University of Leuven.
73 © Shutterstock/bluezace.
74 © Dover Images.
80 © Shutterstock.
81 © Shutterstock.
88 © Dover Images.

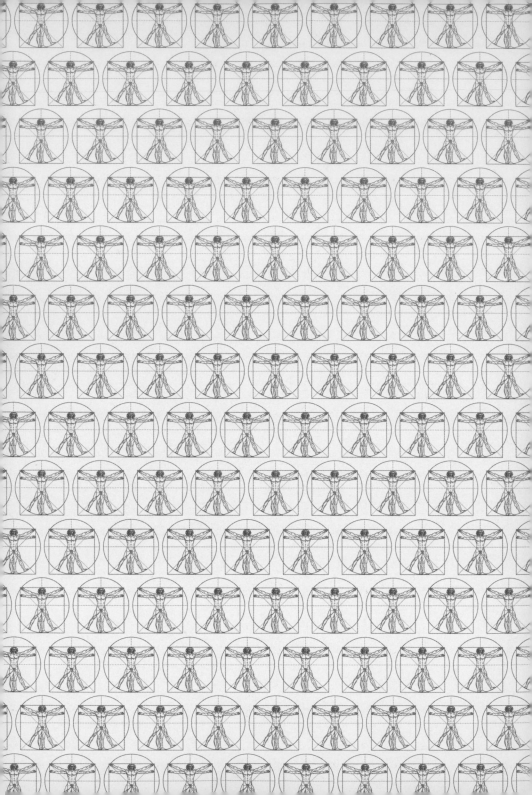